Wer sich selbst bedient, braucht nicht zu bezahlen

Bibliografische Information der Deutschen Nationalbibliothek:

Die Deutsche Nationalbibliothek verzeichnet diese Publikation in der Deutschen Nationalbibliografie; detaillierte bibliografische Daten sind im Internet über http://dnb.dnb.de abrufbar.

© 2014 Miroslav Kolar

Kontakt: mk@xmk.de

Illustration: Miroslav Kolar
Lektorat: Sabine Schmitt

Herstellung und Verlag: BoD – Books on Demand, Norderstedt

ISBN: 978-3-7357-7893-2

Inhaltsverzeichnis

Vorwort	7
Orangensaft mit Beigeschmack	9
Definiere „Pornoproduzent"!	13
Kleiner Habenichts fährt Porsche	16
Es lebe die UdSSR!	19
Flieg, Drachen, flieg!	22
Giftige Rache	26
Aus diesen Elementen besteht die Welt: Alu, Eisen, Zink, Kupfer und Blei	30
100 kg Urangestein preiswert abzugeben	33
Erziehungsmaßnahmen für die Katz	39
Beim Film arbeiten lauter Amateure	43
Das merkt doch keiner!	47
Schlusswort	52
Quellennachweis	53

Vorwort

Mein Vater war kein Verrückter und auch kein Genie. Also eigentlich keiner, über den es sich lohnen würde zu berichten. Doch schon in meiner Kindheit kam mir manchmal der Gedanke, dass er vielleicht ein wenig anders sei als andere Väter.

Erst kürzlich – also erst Jahre nach seinem Tod – als ich mich mit Freunden beim Italiener über unsere „Alten" ausgetauscht habe, wurde mir bewusst, dass er wohl doch mehr als nur ein bisschen anders war. Offensichtlich haben sich andere Väter nämlich weder mit dem Bau von Elektrogranaten beschäftigt noch Urangestein in der Garage gehortet, und auch im Anzapfen der städtischen Strommasten haben sie sich nicht versucht. Diese Erkenntnis gab den Anstoß dazu, mir seine skurrilen Bemühungen noch einmal ins Gedächtnis zurückzurufen und meine Kindheitserinnerungen in Gesprächen mit Verwandten um zahlreiche Episoden zu erweitern, die mir bis dahin unbekannt waren.

Ich stamme aus einer typischen Arbeiterfamilie der damaligen Tschechoslowakei. Wir hatten in dieser „Diktatur des Proletariats" zwar kaum Rechte, wenig Geld und keine Reisefreiheit, galten aber als sozialistische Elite. Unser Familienoberhaupt war definitiv kein Workaholic. Er nahm prinzipiell nur Jobs an, bei denen seine Anwesenheit und sein Arbeitspensum kaum kontrollierbar waren. Darin war er jahrzehntelang überaus erfolgreich. Als der böse Kapitalismus die Tschechoslowakei 1989 ohne vorherige Rücksprache mit Vater heimsuchte, galoppierte er schnellstens in die Frührente. Da meine Mutter nicht viel anders gestrickt war, hätte unsere Familie eigentlich bald in der Pleite landen müssen – wäre da nicht Vaters absonderliches Talent gewesen:

Er hatte sich in der sozialistischen Ära angewöhnt, das System gelegentlich ein wenig zu melken. Nicht so häufig, dass wir Millionäre geworden wären und auch nicht so üppig, dass es entdeckt worden wäre. Aber immerhin so ergiebig, dass er stets genug Geld für Zigaretten hatte und seine Familie nie hungern musste – also perfekt. Schon in der kleinsten Abweichung von der Routine entdeckte er ein Schlupfloch, durch das er eine Extraration beiseiteschaffen konnte. Und zu alldem war er ein kreativer Erfinder, ein geschickter Bastler und ein unerschrockener Experimentator.

Leider ging es ihm bei seinen Innovationen stets weniger um Qualität als um Aufsehen und Quantität. Häufig war die Familie, manchmal das ganze Miethaus und nur äußerst selten die ganze Stadt Opfer seines Forscherdrangs.

Viel Spaß beim Lesen!

Orangensaft mit Beigeschmack

Es war irgendwann Mitte der Siebziger. Vater kam in die Wohnung gerannt und rief Mutter und mir zu: „Im Zentrum ist ein französischer Laster mit einer Riesenladung Orangensaft umgekippt. Wir müssen sofort hinfahren und ihn anzapfen!" Während ich mich noch fragte, wie es mein Papa nur geschafft hatte, einen ganzen LKW zum Umkippen zu bringen, hatte er schon zwei Plastikkanister mit je 50 Liter Fassungsvermögen aus seiner Werkstatt geholt und kommandierte knapp: „Wir fahren!"

An der Unfallstelle angekommen, mussten wir feststellen, dass wir nicht die Einzigen waren, die sich eine Portion von dem süßen Getränk abzapfen wollten. Am Heck des Lastwagens standen bereits zahlreiche Menschen an, die mitgebrachte Flaschen, Kanister und Eimer mit dem Luxusgetränk füllen wollten.

So hatte mein Vater sich die „Ernte" nicht vorgestellt. Sichtlich ungehalten sondierte er die Lage, reihte mich in die Warteschlange ein und startete unseren Wagen mit der Ankündigung: „Bin gleich wieder zurück!" Schon bald war ich gelangweilt und erbost. Es schien mir, dass ich noch Stunden warten müsste, um an die Spitze der Schlange zu gelangen, und ich zweifelte daran, dass dann noch genügend Saft im Tank wäre.
Nach endlosen 20 Minuten erschien Vater wieder. Er pfiff mich ins Auto zurück und verfrachtete die Kanister auf die Rückbank. Dann fuhr er im Schritttempo

um den Laster herum. Im Schutz der umgestürzten Fahrerkabine brachte er den Wagen zum Stehen und mich darüber ins Grübeln, was er wohl vorhatte. Mit der Frage „Siehst du irgendwo die Bullen?" steigerte er meine Spannung noch. Auf der gegenüberliegenden Straßenseite entdeckte ich zwar einen Polizeiwagen, aber es war nirgends ein Polizist zu sehen.

Vater stieg aus und holte eine dicke Bohrmaschine aus dem Kofferraum. „Die macht 50000 Umdrehungen!", lautete seine Reaktion auf meine fragend aufgerissenen Augen. Er schloss die Bohrmaschine an die Autobatterie an, klopfte den LKW-Tank mit dem Knöchel des Zeigerfingers ab und fräste ein großes Loch in das Blech. Jetzt hatte er einen eigenen Zugang zu dem wertvollen Inhalt. Vater tauchte einen Schlauch hinein und wechselte den Bohrer gegen eine Pumpe aus. Im Nullkommanichts waren unsere beiden Kanister voll.

Unser erfolgreiches Treiben war nicht lange unbemerkt geblieben. Eine Schar Neugieriger hatte unser Tun mit anerkennenden und begehrlichen Blicken verfolgt. Ein Herr kam direkt auf meinen Vater zu und fragte nach dem Preis für „Zapfanlage" und Bohrmaschine. Da die nützliche Ausrüstung aus den Beständen von Vaters Arbeitgeber stammte, winkte also ein richtig gutes Zusatzgeschäft. Schnell waren sich die beiden handelseinig und der neue Besitzer so zufrieden, dass er sogar unseren Wagen anschob, dessen Batterie so leer war, wie es der Tanklaster in wenigen Stunden sein würde.

Zu Hause angekommen, füllte Vater mit großer Geste unsere Gläser. Schon nach dem ersten Schluck verzogen Mutter und ich enttäuscht die Gesichter. Die vermeintliche Delikatesse schmeckte nach Eisen und Öl! „Was war vorher in dem Kanister?", wollte die Mutter wissen. „Keine Ahnung", murmelte Vater kleinlaut, trumpfte aber gleich wieder auf: „Kein Grund zum Streiten, wir haben ja noch einen zweiten!" Wenig überraschend, war auch der Saft im anderen Kanister ungenießbar. „Lass mich nur machen, den Beigeschmack kriege ich raus!" zischte Vater und verschwand mit den Kanistern in der Küche. Bis spät in die Nacht hat er mit Waschlappen, Sand und wohl auch mit geheimnisvollen Chemikaliencocktails versucht, den Orangensaft trinkbar zu machen – ohne Erfolg. Mit der Verklappung des Safts in der Toilette könnte die Geschichte zu Ende sein. Ist sie aber nicht.

Am folgenden Morgen hörten wir beim Frühstück in den Siebenuhrnachrichten, dass die Polizei am Abend zuvor einen Kleinkriminellen auf frischen Tat ertappt hätte: Er hatte einen liegengebliebenen ausländischen Tanklaster beschädigt und dessen flüssige Ladung mit einer improvisierten Zapfanlage zu entwenden versucht. Ganz schön unverfroren!

Nur für wenige Lösungen fand er kein passendes Problem.

Definiere „Pornoproduzent"!

Ich war 13 Jahre jung und brauchte das Geld. Zudem war ich vollzeitpubertär und explosiv geil.

Ein Mitschüler, der die gleichen Symptome zeigte, hatte irgendwo drei oder vier dicke Negativ-Filmrollen mit deftigen Pornobildern aufgestöbert. Eine wahre Kostbarkeit, denn männliche Teenager suchten im Ostblock der Siebzigerjahre vergeblich nach Anschauungsmaterial mit informativen Detailaufnahmen. Schnell beschlossen wir, den wertvollen Schatz mit anderen Gleichaltrigen zu teilen. Ich produzierte in meinem Heimfotolabor Schwarz-Weiß-Abzüge, die mein Kompagnon in den Pausen an unsere Mitschüler verkaufte. Nicht nur, dass wir die Stars des Schulhofs waren; wir verdienten auch noch Geld! Leider währte das Glück nur eine Woche, dann flog unser Geschäft auf.

Da mein Vater für den folgenden Tag zum Rektor bestellt worden war, trat ich noch am selben Abend die Flucht nach vorn an und schenkte ihm reinen Wein ein. Zu meiner Verblüffung setzte es keine Schläge, sondern Vater blieb völlig gelassen und nannte mich einen Dussel. „Zeig mir die Bilder, damit ich weiß, was ich morgen in der Schule zu hören kriege!", forderte er mich auf. Ich händigte ihm die übriggebliebenen Fotos aus und fürchtete erneut einen Wutausbruch, denn es handelte sich definitiv nicht um harmlose FKK-Aufnahmen.

Doch Vater warf nur einen scheinbar unbeteiligten Blick darauf und nahm den Stapel mit.

Wenig später klingelte der aufgebrachte Erziehungsberechtigte meines Mitschülers Sturm an unserer Wohnungstür. Vater ließ ihn nicht herein, obwohl es dem anderen sichtlich unangenehm war, im Treppenhaus über Pornos zu diskutieren.

Als er seine Schimpftirade über meine Verderbtheit zu Ende gebracht hatte, informierte mein Vater ihn über seine pädagogischen Maßnahmen: „Mein Junge hat ordentlich Dresche bekommen, und Hausarrest kriegt er auch noch!" Ich verstand die Welt nicht mehr. Doch der Andere war noch nicht zufrieden und verlangte die Herausgabe der Negative. „Da der Besitz illegal ist, habe ich alle zerschnitten und entsorgt", versicherte mein Vater. „Wir wollen doch nicht riskieren, dass jemand nach der Quelle der Negative fragt!" Damit hatte er seinen Kontrahenten überzeugt. Der bedankte sich für das vorausschauende Handeln und verschwand samt meinem Mitschüler hastig im Fahrstuhl.

War mein Vater doch cooler, als ich gedacht hatte? Selbst nach seinem Besuch in der Schule blieben sowohl die Prügel als auch der Hausarrest aus. Lediglich die Negative rückte er nicht mehr heraus, aber das war auch nicht zu erwarten gewesen. Ich war erleichtert und vergaß die ganze Affäre nur zu gerne. Bis Vater nach knapp drei Wochen mit den Negativen in

meinem Zimmer stand und mich bat, ein paar Abzüge für seine besten Kollegen anzufertigen. Eine Woche später brauchte er noch Fotos für die Freunde der besten Kollegen und danach für die Freunde der Freunde der besten Kollegen – aber das hat mit der Geschichte eigentlich gar nichts zu tun.

Kleiner Habenichts fährt Porsche

Wer Autofahren will, muss in die Fahrschule gehen, Fahrstunden nehmen und eine Prüfung ablegen. Diese Regelung, die ziemlich zuverlässig verhindert, dass Leute ohne Führerschein andere Verkehrsteilnehmer behindern oder gar gefährden, hielt mein Vater für äußerst sinnvoll. Bis er erfuhr, was der Führerschein meiner Mutter kosten sollte. Ein Ausweg war schnell gefunden: „Ich kenne einen Fahrlehrer, dem gebe ich was unter der Hand, damit er dir die Pflichtstunden bestätigt. Das Fahren bringe ich dir selber bei!"

Leider setzte meine Mutter unser Auto in einer der väterlichen Fahrstunden in den Straßengraben und touchierte zu allem Überfluss dabei ein anderes Fahrzeug. Vaters erster Gedanke nach dem Crash galt weder dem Befinden von Frau und Kind noch dem Lack der Familienkutsche, sondern dem Vertuschen der Sachlage. Noch in der Schrecksekunde befahl er Mutter: „Klettere über mich auf den Beifahrersitz, damit ich mich ans Steuer setzen kann!" Weil sie stutzte, folgte die Belehrung: „Der andere Fahrer soll vor der Polizei nicht behaupten können, dass du gefahren bist. Du hast schließlich keinen Führerschein!"
Der Groschen war gefallen, und noch bevor der Unfallgegner aus seinem Auto gestiegen war, saß meine Mutter auf dem Beifahrersitz. Dann war ich dran: „Egal, wer dich fragt: Du sagst, Papa ist gefahren! Verstanden?" Ich war vier und hatte nichts verstanden. Aber ich war stolz auf meine Mission. So stolz, dass ich den mittlerweile eingetroffenen Polizisten an

der Hose zupfte und ihm eröffnete: „Aber Papa saß am Steuer, nicht Mama." Der Polizist lächelte mich nachsichtig an und kritzelte gelangweilt in seinem Unfallprotokoll herum. Von seiner lauwarmen Reaktion enttäuscht, klärte ich umgehend auch seinen Kollegen über die Identität des Fahrzeuglenkers auf. Als mein Vater dies bemerkte, zerrte er mich grob zur Seite und überlegte kurz, ob er mich gleich umbringen sollte oder erst, wenn die Polizisten weg wären. Noch bevor diese Entscheidung gefallen war, hielt ein nagelneuer knallgrüner Porsche 911 an der Unfallstelle. In gebrochenem Tschechisch fragte der Fahrer, ob er irgendwie helfen könne. Geistesgegenwärtig öffnete mein Vater die Beifahrertür des Sportflitzers, schob meine Mutter hinein, schleuderte mich auf ihren Schoß und bat den Deutschen so höflich, wie er konnte: „Bitte fahren Sie einfach schnell los!" Mir hatte es vor lauter Glück die Sprache verschlagen, aber nur kurz. Dann durchbrach ich die peinliche Stille im Auto mit der Information: „Mama ist wirklich nicht gefahren. Das war der Papa!"

Erst kürzlich erfuhr ich, wie es an der Unfallstelle weitergegangen war: Routinemäßig machten die Polizisten eine Alkoholkontrolle bei meinem Vater. Das Bierchen, das er sich zum Mittagessen gegönnt hatte, kostete ihn 300 Kronen und einen Monat Fahrverbot. Obwohl das Fahren ohne Führerschein nur 100 Kronen gekostet hätte, bin ich nicht der Meinung, dass mein Vater sich verspekuliert hat, denn meine Heimfahrt im Porsche war jede einzelne Krone wert.

Der Polizist hörte meiner Zeugenaussage aufmerksam zu.

Es lebe die UdSSR!

Mein Vater war ein ausgemachter Pascha. Meine Mutter hatte ihm sogar die Hühnerkeule zu entbeinen, bevor er sie aß. Zu melden hatte sie dagegen wenig. Nur einmal, als kein Geld war und Vater erst um vier Uhr früh von einer Fete zurückkam, platzte ihr der Kragen: „Du säufst und rauchst dein Gehalt weg, und der Kleine schläft auf einem alten geflickten Bettlaken, weil ich ihm kein neues kaufen kann!"

Ich weiß nicht, ob Vater sich geschämt hat oder ob er einfach einen Kater hatte; auf jeden Fall verschwand er still im Badezimmer, um sich zu übergeben.

Wenige Tage später wurde Vater sehr früh von seinem Chef aus dem Bett geklingelt, denn es gab irgendwo einen Wasserschaden. Die Störung war schnell behoben, und mein Vater hoffte, nun auch wieder nach Hause gefahren zu werden. Doch der Chef lag schon längst wieder in seinem warmen Bett und hatte Vater allein zurückgelassen. Fluchend macht er sich zu Fuß auf den langen Heimweg. Dass es auch noch regnete, hob seine Laune nicht gerade. Unterwegs kam er an einem Kulturhaus vorbei, an dessen Fassade zwei städtische Beamte gerade eine russische und eine tschechoslowakische Flagge hissten. Sehr große Flaggen, denn der Jahrestag und die Feierlichkeiten zum Ende des Zweiten Weltkriegs standen bevor. Vater zündete sich eine Zigarette an und gab vor, das ausgehängte Programm zu studieren: Konzerte, Theatervorstellungen, Politsitzungen und Parteiversammlungen – samt und sonders Veranstaltungen, die ihn noch nie im Geringsten interessiert hatten.

„Kommt mal alle her", schallte es um halb sieben in der Früh durch unsere Wohnung. Meine Mutter und ich verließen widerstrebend unsere Betten. Im Gang stand das Familienoberhaupt und streckte uns triumphierend eine riesige sowjetische Flagge entgegen. „Die rote Farbe bleichen wir heraus, Mama trennt Hammer und Sichel ab, und schon schläft Mirek auf einem ideologisch einwandfreien Bettlaken!" Der Diebstahl des sowjetischen Hoheitszeichens war mehr als nur eine politische Provokation, er galt als veritable Sabotage. Hätte es für das Flaggenklauen einen Zeugen gegeben, hätte mein Vater zu einer langen Gefängnisstrafe verknackt werden können. Da aber niemand die Missetat beobachtet hatte, war es nun an meiner Mutter, aus Rot Weiß zu machen. Obwohl an jenem Tag viel Chemie durch unseren Abfluss in die Moldau floss, behielt die Flagge ihre Farbe. Sie war zwar nicht mehr knallrot aber immer noch rot. „Das können wir nicht aufs Bett spannen", entschied meine Mutter. „Jeder würde sofort erkennen, was es vorher war."

Vater entrüstete sich darüber, dass meine Mutter unfähig war, eine Fahne zu einem Bettlaken zu machen und schmiedete neue Pläne für die Zukunft der Flagge. Glücklicherweise hatte er eine Eingebung, die seine gute Laune und den Hausfrieden wiederherstellte: „Hat der Junge genügend kurze Hosen?" Rote Shorts waren nämlich die Standardkleidung fürs

Er sah die Welt einfach mit anderen Augen.

Schulturnen – und meine Oma gelernte Schneiderin. Noch heute bin ich der UdSSR dankbar für die robustesten Shorts, die ich je hatte.

Flieg, Drachen, flieg!

Solange Vater sein Können nicht in den Dienst eines Arbeitgebers stellen musste, war er ein geschickter und leidenschaftlicher Handwerker. Darum schaute er mir auch äußerst interessiert über die Schulter, als ich mich an meinem kleinen Schreibtisch hochmotiviert unserem Schulprojekt „Wir bauen einen Drachen" widmete. Beim Anblick von Holz, Papier und Leim schüttelte er mitleidig den Kopf und schlug in herablassendem Ton vor: „Komm, wir bauen was Solides." „Aber ich würde es gerne alleine schaffen", setze ich zu meiner schwachen Verteidigung an, die Vater kurzerhand niederrannte. „Einen 08/15-Drachen aus Papier werden alle deine Mitschüler bauen, oder? Wäre ein richtig großer Drachen nicht viel besser?"

So verschob sich die Bastelecke aus meinem Kinderzimmer in die Werkstatt. Getreu seiner Devise „Aus Alu, Eisen und Zinkblech kann man alles bauen." ersetzte er meine sorgsam zurechtgesägten Holzleisten durch dünne Aluminiumrohre. Innerhalb der nächsten zwei Stunden verwandelte er meine filigrane zweidimensionale Konstruktion in ein dreidimensionales Monstrum von beachtlichem Gewicht. Im selben Maße wie meine Beteiligung an diesem Projekt sank auch meine Laune. „Das wird doch nie fliegen", unkte ich. „Und ob", war sich mein Vater sicher. „Morgen Nachmittag gehen wir aufs Feld und testen das Ding!" Und so geschah es. Gleich nach der Schule wurden unsere Nachbarn Zeugen eines eindrucksvollen Umzugs durch unsere Trabantenstadt: An seiner Spitze trug mein Vater stolz ein riesiges, undefinierbares Gebilde, ich schleppte eine dicke Spule mit gefühlten 10000 Metern Seil hinterher. Eine lange Prozession sensationslüsterner Mitschüler folgte uns, denn ich hatte in der großen Pause den Mund nicht halten können. Auf dem Weg wurde mein Vater stiller und stiller und beobachtete pausenlos den Himmel. Dass absolute Windstille den Start verhindern könnte, hatte er nicht bedacht und sah sich nun in einer peinlichen Lage. Meine Mitschüler wurden zuerst ungeduldig, dann tuschelten sie, und zuletzt verschwand einer nach dem anderen, bis auch wir das Feld räumten und traurig den Heimweg antraten. „Vielleicht klappt es morgen", sprach mein Vater sich Mut zu. Doch auch am nächsten und übernächsten und überübernächsten Tag kündigte die Wettervorhersage keinen Wind an, und allmählich schwand sein Interesse am Projekt Drachen.

Das dachte ich zumindest, bis eines Tages die Schuldirektorin in unsere Mathestunde platzte und mich mit ernstem Blick aufforderte, ihr hinaus zu folgen. Draußen stand mein Vater mit tieftrauriger Miene und eröffnete mir, dass meine Oma im Sterben läge und wir sofort zu ihr ins Riesengebirge fahren müssten. Ich war völlig verwirrt, denn die Oma war schon seit drei Tagen bei uns zu Besuch. Trotzdem hielt ich es für ratsam, nicht zu widersprechen, und verließ ebenso ängstlich wie gespannt die Schule. Vor der Schultür verzog mein Vater seinen Mund zu einem verschwörerischen Grinsen. „Fällt dir was auf?" –

„Nö, was denn?" – „Der Wind ist da, spürst du es nicht?" In diesem Moment erkannte ich erst, was hier vor sich ging: Vater hatte doch tatsächlich seine Arbeitsstelle frühzeitig verlassen und mich aus dem Unterricht geholt, nur um seinen Drachen steigen zu lassen. Wir standen uns in einer Entfernung von rund 50 Metern gegenüber. Auf das Kommando „Hoch damit!" warf ich das Drachenmonster so hoch, wie ich nur konnte. Doch es zeigte sich, dass die Aerodynamik-Kenntnisse meines Vaters nicht so brillant waren wie die der Metallbearbeitung: Der schwere Drachen fiel wie ein Stein zu Boden. Aber wir gaben nicht auf: Vater preschte vier oder fünf Mal durch den knöcheltiefen Matsch auf unserer Drachenwiese, bis eine Böe den Drachen in die Luft hob. Allerdings nur kurz, sehr kurz. Als ein heftiger Windstoß ihn in die Höhe katapultierte, geriet der unlenkbare Koloss ins Trudeln und stürzte ab. Entsetzt beobachteten wir seine Flugbahn, die in der Windschutzscheibe eines am Feldrand geparkten Autos endete. Mein Vater, der in letzter Sekunde das Schlimmste verhindern wollte, zerrte noch einmal kräftig am Seil – und zerkratzte damit auch noch gründlich die Motorhaube.

Wir haben nie erfahren, wem das Auto ohne Frontscheibe und mit lädierter Motorhaube gehörte. Ich hatte aber auch keine Zeit, Untersuchungen darüber anzustellen, denn ich war vollauf damit beschäftigt, mir einen Drachen aus Holz, Papier und Leim zu bauen.

Ganz alleine.

**Kollateralschaden konnte Vater
zwar nicht aussprechen, dafür aber regelmäßig produzieren.**

Giftige Rache

Mein Großvater mütterlicherseits war ein begnadeter Illustrator. In seinen besten Jahren hat er beim Trickfilm gearbeitet, in den schlechteren hat er viel geraucht und noch mehr getrunken.

Das waren die Jahre, in denen ich ihm näherkam. Da er nur eine magere Rente bezog, verdiente er sich gerne ein „Trinkgeld" dazu. Einer seiner Jobs bestand darin, Kreuzottern für ein pharmakologisches Institut einzufangen, das mit ihrem Gift experimentierte. Großvater wusste bestens, an welchen Orten sich die Schlangen am liebsten aufhielten. Wegen seiner schlechten Augen benötigte er aber einen scharfsichtigen Begleiter bei der Jagd: seinen siebenjährigen Enkel, der selbstverständlich ohne Wissen seiner Eltern mit auf die Pirsch ging.

Mich packte bei unseren Exkursionen regelrecht das Jagdfieber. Üblicherweise lief ich voraus und scannte mit konzentriertem Blick die Umgebung. Sobald sich auf einem Stein ein gezackter Rücken blicken ließ, rief ich meinen Großvater hinzu, der das Tier mit seinem Schlangenstock niederdrückte und dann nur noch aufzulesen brauchte.

Eines Tages kam es, wie es kommen musste: Es war ausgesprochen heiß und eine kleine Schlange entsprechend lebhaft. Statt sich wehrlos gefangen nehmen zu lassen, schlüpfte sie flink unter dem Stock hindurch und stempelte die Hand meines Großvaters gleich zweimal mit ihren giftigen Zähnchen. Natürlich bin ich in kindliche Panik verfallen, sodass der Großvater schließlich einwilligte, sich im Krankenhaus ein Gegengift spritzen zu lassen.

Da er über Nacht zur Beobachtung in der Klinik bleiben sollte, rief die Krankenschwester meine Eltern an, damit sie mich abholen kamen. Sie waren entsetzt, als sie erfuhren, wofür mich der Großvater missbrauchte und untersagten mir auf der Stelle, ihn in Zukunft alleine zu treffen.

Den nächsten Besuch absolvierte ich also mit Vater. Wir nahmen das Auto, hielten kurz vor Großvaters Haus an und fuhren dann zu dritt weiter – direkt in unser Jagdrevier! Als mein Vater nämlich erfahren hatte, was das Pharmainstitut für eine lebende Kreuzotter bezahlte, war der Schlangenbiss schnell vergessen, und er schloss sich unserer Jagdgesellschaft an. Wir waren ziemlich erfolgreich, und wenn wir das Honorar für unsere Beute eingestrichen hatten, bekam ich immer so viel Eis, wie ich wollte. Unser Geschäft lief blendend, und immer mehr Kreuzottern fristeten ihre Tage im Forschungslabor.

Doch leider beendete ein Aushang am Eingang zum Pharmainstitut eines Tages unsere Erfolgsstory: „Bis auf weiteres kauft das Institut keine Schlangen mehr auf." Mein Großvater zuckte beim Lesen resigniert mit den Schultern und machte sich auf eine längere „Durststrecke" gefasst. Mein Vater dagegen empörte sich lautstark über das abrupte Versiegen dieser

Geldquelle. Ich konnte ihm ansehen, dass er auf Rache sann. Nach wenigen Augenblicken nahm er seinem Schwiegervater den Sack mit den gefangenen Kreuzottern aus der Hand, ging ein wenig zur Seite und entließ die Giftschlangen ins Gebüsch …

Es gab keine Toten in unserer Stadt, und es wurde auch niemand gebissen. Da einfach nicht nachweisbar war, dass die in unmittelbarer Umgebung des Pharmainstituts gefundenen Giftschlangen aus dem Labor entlaufen waren, musste auch das Institut nicht schließen. Für die Kreuzottern des Riesengebirges ist die Saison sogar richtig gut ausgegangen: Da ihre Bestände in jenem Jahr extrem stark zurückgegangen waren, wurden sie unter Artenschutz gestellt.

Nur an mir ist die Geschichte nicht ohne bleibenden Schaden vorbeigegangen. Noch immer stelle ich den Schlangen mit bloßen Händen nach und werde dabei nicht selten mit Bissen beschenkt.

Wenn Rache, dann aber bitte mit Stil!

Aus diesen Elementen besteht die Welt: Alu, Eisen, Zink, Kupfer und Blei

Von Zeit zu Zeit überraschte Vater meine Mutter mit einem neuen Möbelstück für unsere Wohnung. Da Holz leider nicht zu seinen Lieblingsmaterialien gehörte, gab es bei uns Stahltische, Aluregale und Balkonmöbel aus Gusseisen. Besonders kuschelig war es bei uns daheim also nicht. Seine heiße Liebe zu den kühlen Materialien erstreckte sich auch auf die Spielsachen, die er für mich anfertigte. Das erste Geschenk, an das ich mich erinnere, war ein aus Eisenrohren zusammengeschweißter, blau lackierter Rodel. Das schnittige Gefährt bekam ich zu meinem siebten Geburtstag und startete damit gleich zur Jungfernfahrt.

Der Schlitten sah nicht besonders schwer aus. Er war es aber. Bis ich seine 18 Kilogramm zwei Stockwerke hinuntergetragen und anschließend auf den Rodelhügel gezogen hatte, war ich völlig verschwitzt. Umso rasanter verlief die erste Fahrt.

Ich flitzte mit den anderen Kindern die Piste hinunter und fuhr auf dem griffigen Schnee schnell, sehr schnell. Am schnellsten von allen! Auf halber Strecke versuchte ich, die Geschwindigkeit ein wenig zu drosseln, ohne Erfolg. Dummerweise war es wenige Meter unterhalb zu einer harmlosen Karambolage gekommen, und mein wuchtiger Schlitten raste unaufhaltsam auf das Gewirr aus gestürzten Kindern und ihren fragilen Holzrodeln zu.

Da ich mit dickem Schal und tief ins Gesicht gezogener Mütze nicht zu identifizieren war, verschwand ich unbehelligt. Es war ja auch nicht meine Schuld, dass meine Mitschülerin Blanka meinem eisernen Schlitten so ungeschickt im Weg stand. Ihre Platzwunde hinterließ ein rotes Muster im Schnee und wurde im Krankenhaus mit vier Stichen genäht.

Entschuldigen dagegen möchte ich mich bei meinem Freund Martin, dessen Rodel die Havarie nur in Einzelteilen überlebt hat.

Leider blieb es im Laufe meiner Kindheit nicht bei dieser Kollision. Mit knapp 10 Jahren wurde ich stolzer Besitzer eines Skateboards. Ein Skateboard war damals unerschwinglich, also mindestens vier Stangen Zigaretten wert. Meins hatte Räder mit echtem Gummibelag und war natürlich aus stabilen Eisenplatten zusammengeschweißt. Erstaunlicherweise verursachten die atemberaubenden Geschwindigkeiten, die man damit erreichte, niemals Verletzte. Lediglich eine Mülltonne wurde einmal Opfer meiner rasanten Fahrt. Überflüssig zu erwähnen, dass mein Skateboard dabei vollkommen unversehrt blieb. Und dann waren da noch meine wunderschönen blauen Stelzen, die Bestandteile eines Baugerüsts gewesen waren, bis mein Vater ihre Eignung als Kinderspielzeug erkannte. Es war nicht einfach, darauf zu laufen, aber dank meiner Ausdauer konnte ich es irgendwann. Anders als ein Spielkamerad aus der Nachbarschaft. Sein Zwillingsbruder, der ihm beim Aufsteigen geholfen hatte, verließ den Stelzen-Fallradius nicht schnell

Mein Rodel war irgendwie anders als die der anderen Kinder.

genug und bezahlte seine Trägheit mit einem gebrochenen Schlüsselbein. So lernte ich bei dieser Gelegenheit ganz nebenbei, dass es ein Bein mit solchem Namen gibt.

100 kg Urangestein preiswert abzugeben

Dass mein Vater die Arbeit nicht erfunden hatte, habe ich bereits durchsicken lassen. Seine Einstellung änderte sich aber Anfang der Fünfzigerjahre zumindest kurzzeitig mit der Aussicht auf eine Stelle, bei der er für weniger Anstrengung das Dreifache seines bisherigen Gehalts einstreichen konnte. Klar, dass er einfach zugreifen musste. Schon eine Woche später bezog er im böhmischen St. Joachimsthal seine eigene neue Werkstatt. Darin fand er alle Werkzeuge, die sich sein damals noch junges Installateursherz je erträumt hatte. Es gab Sägen, Zwingen, Vanadiumschlüssel, Geigerzähler, Bohrer, Schweißgeräte und vieles mehr. Das meiste davon trug westliche Markennamen.

Vater hatte das Paradies auf Erden gefunden. Den ganzen Tag durfte er Radio hören, rauchen und Krimis lesen. Nur selten wurde er per Funk zur Arbeit geholt. Dann musste er mit einem Fahrstuhl unter Tage fahren und Wasserleitungen und Kühlsysteme in langen Schächten reparieren. Danach hatte er die Gefahrenzone schnell wieder zu verlassen. Die politischen Häftlinge dagegen mussten sich den ganzen Tag dort unten abschuften.

Der aufmerksame Leser ahnt sicher schon, warum der Job so gut bezahlt war: Der Arbeitsplatz gehörte zu den tschechischen Uranerzminen, in denen schon Madame Curie Proben für ihre Experimente bestellt hatte. Zu den Zeiten meines Vaters war die Sowjetunion der einzige Abnehmer für den wertvollen Rohstoff. Deshalb nahm der Bruderstaat – im Unterschied zu der berühmten Forscherin – das Bezahlen der Rechnungen nicht sonderlich ernst.

Meinem Vater gefiel das überschaubare Arbeitspensum ausnehmend gut, und der handliche Geigerzähler gab ihm die Sicherheit, nicht unbemerkt gefährlicher Strahlung ausgesetzt gewesen zu sein. Leider zeigte sich bald, dass diese nicht das einzige Risiko in den Stollen war: Einmal durfte er eine Pumpe erst lange nach Ende der regulären Schicht reparieren. Er war somit ganz alleine in der Grube. Er rauchte gerade gemütlich eine Zigarette und überlegte in aller Ruhe, wie viele Überstunden er für diesen Job aufschreiben sollte, als ihn ein dumpfer Knall aufschreckte und sich der Stollen mit dickem Rauch füllte. Ihm war schnell klar, dass etwas richtig schiefgelaufen war.

Mein Vater presste sich ein feuchtes Taschentuch vor die Nase, umklammerte seine Lampe und den treuen Geigerzähler und machte sich auf den Weg zum Fahrstuhl. Zu seinem Entsetzen musste er feststellen, dass sein Fluchtweg verschüttet war. Sein erster Gedanke war, durch Geschrei auf sich aufmerksam zu machen, doch die dröhnende Grabesstille unter Tage machte ihm klar, dass er mutterseelenalleine war. Er rechnete seine Chancen aus: „Bis die Rettungstrupps mich finden, wird es vielleicht mehrere Tage dauern. Wenn ich nicht als toter Held der Arbeit enden will, muss ich also selber buddeln."

Und das tat er auch. Es war die reinste Sisyphusarbeit, denn sobald er ein paar Steine beseitigt hatte, stürzten neue herab. Schon bald aber fühlte er einen Luftzug. Nicht, wie zu erwarten von vorne, sondern von rechts, wo eine Wand stand und somit nach menschlichem Ermessen kein Windhauch herkommen konnte. Da fiel ihm ein, was er erst kürzlich von einem Häftling aufgeschnappt hatte: „Früher wurde hier Silber abgebaut, und es gibt zugeschüttete Gänge, die bis nach oben führen. Wer einen findet, käme hier unbemerkt hinaus." Dieser Hoffnungsschimmer spornte meinen Vater zu Höchstleistungen an. Er orientierte sich an dem Luftzug und entdeckte tatsächlich den Einstieg in einen der alten Gänge. Die Luft roch frisch, und Vater schöpfte neuen Mut. Er lief und stolperte, rappelte sich auf, stürzte erneut und erreichte endlich einen senkrechten Schacht, in dem er nach oben klettern konnte. Er konnte es kaum glauben, als er am Ende seiner Klettertour zwischen Baumwurzeln, Steinen und Erde das ersehnte Tageslicht erblickte. Er hatte es geschafft, er war frei, es war ihm nichts passiert. Und er hatte Durst.

Im Grunde seines Herzens war Vater ein ausgemachter Miesepeter und konnte sich über die unwichtigsten Kleinigkeiten maßlos ärgern. Freuen dagegen konnte er sich nicht. Dennoch bin ich überzeugt, dass er in diesem Moment grenzenlose Freude verspürt haben muss. Vielleicht zum ersten und letzten Mal in seinem Leben. Allerdings nicht lange, denn die unerwartete Situation barg seiner Meinung nach riesiges Potenzial: „Die werden mich suchen und viel Zeit brauchen, bis sie mich finden. Was wäre, wenn ich unterdessen wieder hinuntersteige und mir ein wenig Urangestein organisiere. Wenn es den Russen für ihre Atombombe so wichtig ist, findet sich doch bestimmt auch bei uns jemand, dem es paar Kronen Wert ist."

Das war ein wenig durchdachter Plan, denn mit einer solchen Tat machte man sich in einem sozialistischen Staat der Fünfzigerjahre der Sabotage und Spionage verdächtig. Und darauf stand im besten Falle eine mehrjährige Gefängnisstrafe, im schlechtesten die Todesstrafe. Dieser Gefahren ungeachtet hat mein Vater binnen der nächsten Stunden mehrere Dutzend Kilogramm des wertvollen Rohstoffs aus dem Stollen transportiert. Nachdem er seinen Schatz herausgeschafft hatte, verkroch er sich wieder unter Tage und versteckte den Eingang unter ein paar Geröllbrocken. Danach wartete er geduldig auf seine Befreier und zeigte sich ihnen unendlich dankbar für seine Rettung.

Einige Tage später nahm Vater von einem hohen russischen Offizier ein glänzendes Abzeichen für Mut und vorbildlichen Einsatz entgegen. Zwei Wochen Urlaub bekam er noch obendrauf.

Diesen hat er dazu genutzt, das Urangestein zu Fuß auf ein verlassenes Fabrikgelände zu transportieren und Kontakte zu potenziellen Abnehmern zu knüpfen. Er ahnte nicht einmal, dass die von ihm angebotene Ware so heiß war, dass ihn bald alle für einen ausgefuchsten Spitzel hielten und auf sichere Distanz zu ihm gingen.

Wieder einmal war ihm der große Wurf nicht gelungen, und die Enttäuschung darüber übermannte ihn derart, dass er sich gepflegt betrinken musste – und alle übrigen Gäste in der Kneipe einlud, es ihm auf seine Kosten gleichzutun. Selbstverständlich hatte er nicht genügend Geld, um die Zeche für dieses Gelage zu bezahlen, darum hinterließ er dem Wirt stattdessen ein wertvolles Pfand.

Was dieser mit dem Geigerzähler aus den Uranminen angestellt hat, ist mir nicht bekannt. Mein Vater hat ihn auf jeden Fall niemals ausgelöst.

Das Urangestein strahlt vermutlich noch heute auf dem verlassenen Gelände vor sich hin. Bis auf drei große Brocken, die mein Vater noch 30 Jahre später in seiner Werkstatt aufbewahrt hatte. Sie dienten mir als Kind als wissenschaftliches Anschauungsmaterial und haben meiner Gesundheit bis jetzt nicht gravierend geschadet – sogar ein Kind habe ich zeugen können.

Als cleverer Geschäftsmann galt er eher selten.

Erziehungsmaßnahmen für die Katz

Vaters Liebe zu Eisen und Stahl war eine lebenslange und hatte drei Gründe: Metalle lassen sich verbiegen, man kann sie schweißen, und sie leiten Strom. Diese dritte, mutmaßlich wichtigste Eigenschaft wusste mein Vater vielfältig zu nutzen: Mit Strom richtete er zum Beispiel an Heiligabend den Weihnachtskarpfen hin und zündete an Silvester selbstgebaute Granaten – mit durchschlagendem Erfolg im ganzen Wohnviertel. Und auch die Erziehung unserer ersten Miezekatze funktionierte elektrisch.

Zur Einschulung im Herbst 72 bekam ich eine schwarze Katze geschenkt. Natürlich kein gekauftes Jungtier. Meine war schon ausgewachsen und ist uns beim Spaziergang einfach zugelaufen. An ein bis dahin freies Leben gewöhnt, war „Katscha" recht wild und ließ sich auch nicht immer streicheln. Stattdessen sorgte sie regelmäßig für zerfetzte Gardinen, umgeworfene Vasen und für duftende Überraschungen in allen Ecken der Wohnung. All das hat mich nicht gestört; ich war einfach stolz auf mein Haustier.

Meine Eltern teilten meine Begeisterung zwar nicht, gönnten mir aber die Freude. Bis zu dem Tag, an dem Katscha in unserer Abwesenheit alle Zimmerpflanzen atomisierte. Noch am Morgen waren die Blumen, der Stolz meiner Mutter, dekorativ auf einer schmiedeeisernen Stellage angeordnet, die natürlich mein Vater passgenau für unsere Wohnzimmerwand angefertigt hatte. Katscha hatte die blühenden Mitbewohner zu Sparringspartnern auserkoren und in einem vermutlich kurzen, aber erbarmungslosen Kampf besiegt. Bei unserer Heimkehr schaute sie von der obersten Plattform des Gestells triumphierend herab. Der Teppich und das Sofa waren von Blumenerde, Tonscherben und Pflanzenresten bedeckt.

Während meine Mutter zeternd die florale Katastrophe beseitigte, zog sich Vater grübelnd in seine Vierquadratmeterwerkstatt zurück. Nach einer halben Stunde präsentierte er uns eine Art Priesterstola, aus der zwei lange bunte Drähte ragten. Er legte das Ding auf die Rückenlehne des Sofas, feuchtete es mit etwas Wasser aus der Gießkanne an und schloss ein Trafo an die beiden Drähte an. Wir sahen nicht kommen, was im Kommen war, und befolgten ohne nachzudenken seinen Befehl: „Legt eure Hände hier drauf!"

„Spinnst du!?!?", schrie Mutter auf, als unsere Arme, von einem schmerzhaften Stromschlag getroffen, gen Himmel schossen. Vater amüsierte sich prächtig: „Wenn ihr schon so ein Theater macht, wird es bestimmt lustig sein, der Katze zuzusehen. Mal sehen, was Katscha zu 60 Volt sagt." Obwohl ich meine Katze sehr mochte, muss ich zugeben, dass auch ich auf ihre Reaktion gespannt war. Sie thronte noch immer über uns und schaute allem gelangweilt zu.

Wir ließen Katscha nicht aus den Augen. Weil die gar nicht daran dachte, ihren komfortablen Ausguck zu verlassen, platzierte meine Mutter eine Scheibe Salami vor dem Sofa. Das erschien der Katze attraktiv genug, um sich zu bewegen. Behände kletterte sie hinunter, sprang auf die elektrische Stola und lief vom Strom völlig unbeeindruckt darauf entlang, bevor sie zum Sprung auf die Salami ansetzte.

Auf der Stirn meines Vaters zeigte sich eine tiefe Falte. War seine elektrische Installation etwa fehlerhaft?!? Er sprang auf und lief zum Sofa, um ihre Funktionstüchtigkeit höchstpersönlich zu überprüfen. Zur großen Freude meiner Mutter und mir war er es diesmal, der heftig zusammenzuckte „No, dann fahren wir eben größere Kaliber auf", murmelte er vor sich hin und drehte den Regler des Trafos auf 120 Volt. Ich bugsierte eine neue Scheibe Salami auf die Stellage, auf der bis vor wenigen Stunden noch Blumentöpfe standen. Katscha ließ sich nicht zweimal bitten. Mit einem Satz war sie auf der Elektrostola und schoss reflexartig in die Höhe. Als sie wieder auf dem Teppichboden stand, war sie doppelt so groß wie zuvor. Ihr standen buchstäblich alle Haare zu Berge. Auch ihre weit aufgerissenen Augen sprachen Bände. Der Elektroschock hatte sie sogar die begehrte Salami vergessen lassen.

Seitdem machte sie einen großen Bogen um das Sofa und wagte sich nie mehr an Mutters Blumen. Zum Glück, denn Vater hatte für den Fall, dass die elektrische Umerziehung versagt hätte, schon geplant, seine gesamte eiserne Konstruktion unter Strom zu stellen. Wer dann seiner Vorstellung nach die Pflanzen hätte gießen sollen, habe ich leider vergessen.

Seine Experimente waren
meist harmlos ... aus seiner Sicht zumindest.

Beim Film arbeiten lauter Amateure

Es muss ein Samstagabend gewesen sein, denn ausnahmsweise durfte ich mit meinen acht Jahren aufbleiben, um mit meinen Eltern einen Schwarz-Weiß-Krimi anzusehen. Gerade hatte ein Bösewicht ein kabelgebundenes Radio in die Badewanne geworfen, in der sich ein anderer Schurke von seinem kriminellen Tagwerk ausruhte. Vom Stromschlag getroffen, verstarb der Badende auf der Stelle. „Das wäre in Echt doch überhaupt nicht möglich", nörgelte mein Vater, und wir hörten ihn im Hinausgehen noch murmeln: „Die Sicherungen würden ihren Geist aufgeben, sobald das Radio ins Wasser fällt."

Meiner Mutter und auch mir war das völlig schnuppe. Der Krimi war spannend, und wir verfolgten gebannt die Handlung. Doch gerade, als der Kommissar eine heiße Spur aufgenommen hatte, knallte es in der Wohnung. Gleichzeitig wurde der Bildschirm schwarz, die Deckenbeleuchtung erlosch, und der Kühlschrank stellte sein Brummen ein. „Habe ich doch gleich gesagt", tönte es durch den Flur. „Alles Amateure!"

In der Dunkelheit tasteten Mutter und ich uns ins Badezimmer. Dort stand unser Familienvorstand mit einer Taschenlampe unterm Arm und zwei Drähten in den Händen. „Die Sicherungen sind tatsächlich durchgebrannt, ihr braucht also nicht mehr länger so zu tun, als hätte ich keine Ahnung." Mutter ließ diesen Vorwurf einfach in der verschmort riechenden Luft stehen, nahm Vater die Taschenlampe aus der

Hand und ging die kaputte Sicherung auswechseln. Danach setzten wir uns alle drei wieder vor den Fernseher und schauten weiter.

„Es sei denn, der Mörder hätte vorher die Sicherungen überbrückt", spekulierte Vater nach wenigen Minuten zufrieden und vertiefte sich danach scheinbar wieder in das Geschehen auf der Mattscheibe. Als dem Fernsehkommissar endlich klar geworden war, wer das Mordopfer auf dem Gewissen hatte, und nur noch die rechtsrelevanten Beweise zu suchen brauchte, vermeldete Vater herablassend: „Ich gehe zu Bett und lese meinen Jules-Verne-Roman zu Ende, der ist wenigstens realitätsnah."

Wenige Augenblicke später knallte es. Diesmal noch lauter als zuvor. Überflüssig zu erwähnen, dass es auch wieder stockdunkel geworden war. Das Badezimmer stank nach verbranntem Plastik, Drähte waren mit der Steckdose verschmolzen, und am Boden war in der Dunkelheit vage eine menschliche Gestalt mit grauem Gesicht und zu Berge stehenden Haaren zu erkennen. Mutter erschauderte, als sie Vater im Licht der Taschenlampe ansah, beruhigte sich aber gleich wieder, als er sie dümmlich anlächelte. Ohne ein Wort an ihn zu verlieren, machte sie auf dem Absatz kehrt und lief in die Abstellkammer. Dort erschrak meine orthodox-atheistische Mutter beim Anblick des halbverbrannten, noch rauchenden Sicherungskastens so heftig, dass sie laut um Gottes Hilfe flehte. Vater fühlte sich damit wohl angesprochen und erschien mit einem Regenschirm in der

Hand. Mit dessen Griff schlug er eine dicke Metallschraube aus der Fassung im Sicherungskasten – er hatte doch tatsächlich die seiner Ansicht nach überempfindliche Sicherung durch eine Metallschraube ersetzt …

Vor der Wohnungstür war unterdessen ein Tumult erwacht. Als wir öffneten, sahen wir die Nachbarschaft die Treppen hinuntereilen. In den Händen Taschenlampen und Kerzen, in den Augen das nackte Entsetzen. „Es brennt im Keller!", informierte uns eine junge Frau mit sich überschlagender Stimme, noch bevor wir den aufsteigenden Rauch riechen konnten. Mutter und ich stürzten mit den anderen Hausbewohnern die Treppe hinunter ins Freie. Vater dagegen kämpfte sich heroisch durch den dichter werdenden Rauch in den Keller. Unten angekommen, half er einem anderen beherzten Hausbewohner, den brennenden Haussicherungskasten mit Sand zu löschen. Als die Mitarbeiter der Stadtwerke den zentralen Sicherungskasten in der folgenden Woche austauschten, identifizierten sie eine kaputte Sicherung als Brandursache.

Dank ihrer uneigennützigen Löscharbeiten galten mein Vater und der Nachbar fortan als Helden des Wohnblocks und tranken seitdem regelmäßig ein oder auch mal zwei Bierchen miteinander. Nach dem dritten machte der Nachbar meinem Vater eines Tages ein denkwürdiges Geständnis: Er sei es gewesen, der den Brand im Keller verursacht habe. Er hätte an betreffendem Abend einen hanebüchenen Fernseh-

Legenden und Mythen überprüft man am besten selbst.

krimi angeschaut und ihn auf seinen Wahrheitsgehalt prüfen wollen. Dazu hätte er ein altes Radio in der gefüllten Badewanne versenkt und zuvor die Sicherungen überbrückt. Vielleicht war mein Vater doch nicht so einmalig, wie meine im Westen sozialisierten Freunde vielleicht glauben.

Das merkt doch keiner!

Es war Dezember, es war kalt, und die Heizkohleration fiel in diesem Winter noch magerer aus als in den Jahren zuvor. Vater empfand das als schreiende Ungerechtigkeit und fuhr, mit Schubkarre und Kneifzange ausgerüstet, zum nahegelegenen Sägewerk. Um 19 Uhr war es schon dunkel, und der Zaun zum Holzlager stellte keine große Herausforderung für seine Zange dar. So füllte sich unser Keller im Laufe des Abends mit Holzbalken und Brettern aller Art.

Bekanntlich gehört im Sozialismus alles allen, Vater beging also keinen Diebstahl. So lautete zumindest seine Antwort auf Mutters unsachliche Bemerkungen über seinen kreativen Kohletransfer. Und die wohlige Wärme, die sich langsam im Wohnzimmer ausbreitete, zerstreute Mutters Bedenken vollends. Unser Haus war groß und der Winter lang. Irgendwann Ende Januar sah Vater erneut die Notwendigkeit, dem Sägewerk einen nächtlichen Besuch abzustatten.

Gerade als er seine Zange rausholte, um den notdürftig reparierten Zaun wieder durchzuschneiden, erschreckte ihn aggressives Hundegebell. „Die Halunken vom Sägewerk haben einen Wachhund engagiert, damit unsere Familie frieren muss", durchzuckte es ihn. Auf dem Heimweg mit der leeren Schubkarre dachte er schon über die geeignete Gegenmaßnahme nach: „Ich brauche Rattengift", lautete seine Begrüßung beim Nachhausekommen. Weil Mutter Hunde liebte, legte sie ein lautstarkes Veto gegen das mörderische

Vorhaben ein. So starrte Vater den ganzen Tag lang mit grimmigem Gesicht aus dem Fenster in den Garten. Was sich dabei unter seiner Mütze abspielte, kann ich nur vage rekonstruieren: „Heizkohle haben sie rationiert, Brennholz ist teuer. Aber man kann auch mit Elektrizität heizen, und in unserem Garten steht ein Strommast! Ich muss also nur die Spannung kennen, irgendwo einen Trafo besorgen, die Leitung anzapfen und ein wenig Strom umleiten. Es ist ein städtisches Stromnetz, das merkt sowieso keiner."

Von derartigen Überlegungen bis zu ihrer Umsetzung dauerte es bei Vater nie besonders lange. Schon wenige Tage später erwärmte in jedem Zimmer ein kleiner Heizstrahler die eiskalte Winterluft auf komfortable Temperaturen. Im ganzen Haus, sogar in der Garage, war es 24 Stunden am Tag heimelig warm. Als dann der Frühling schon nervös an unsere Fenster klopfte, stellte Vater sich taub. Anfang Mai trug Mutter alle Heizstrahler endlich in den Keller. Vater warf ihr deshalb vor, dass sie undankbar sei und nicht genügend honoriere, was er für die Familie leistete. Zum Beweis seiner Fürsorge suchte er umgehend neue Einsatzmöglichkeiten für seinen Sparstrom. Schritt für Schritt stellte er in den folgenden Monaten das Energiemanagement der Warmwasseraufbereitung, Deckenbeleuchtung, Kochplatten und der Waschmaschine um.

Ein nächtliches Gewitter setzte der günstigen Stromversorgung ein jähes Ende, indem es einen grellen Blitz in unseren Walnussbaum krachen ließ. Der von einem gewaltigen Donnerknall begleitete Einschlag spaltete den Baum von seiner ausladenden Krone bis hinunter zu den Wurzeln und ließ ihn lichterloh entflammen. Kaum glaubten wir, das Schlimmste überstanden zu haben, stürzte eine Hälfte des geborstenen Baumes auf die Stromleitung, die über unserem Garten verlief. Funken sprühten knisternd, zuckende Entladungen ließen die Luft vibrieren, Stichflammen loderten auf, und zuletzt gab der Mast dem Zug der Leitungen nach und fiel um.

Vater wurde schnell klar, dass der Verlust seines geliebten Walnussbaumes im Moment das sekundäre Problem war. Er lief in den Garten und versuchte, seine selbstgebaute Elektro-Installation rückgängig zu machen. Doch die Schaulustigen am Zaun hatten schon die Feuerwehr gerufen und hielten Vater davon ab, sich zwischen lodernden Flammen und geladenen Drähten zu schaffen zu machen. Die Feuerwehrmänner ließen den Strom abstellen und löschten die Reste vom Walnussbaum. Schnell wurden sie dabei auf die verrußten Leitungen aufmerksam, die bis zur Garage führten. Vaters vergeblicher Versuch, die Feuerwehrmänner mit einer Pralinenschachtel zu schmieren, blieb zwar noch ohne Folgen, aber als er ihnen den Zutritt zur Garage verweigerte, ließen sie die Polizei anrücken. Die Beamten wunderten sich, schossen unzählige Fotos und sprachen lange mit Vater. Wenige Tage später lag eine Vorladung im Briefkasten. Nach dem Durchlesen wurde Vater aschfahl, biss sich in die Unterlippe und verließ still die Küche.

Wer sich in der Tschechoslowakei an Volkseigentum vergriff, hatte mit ernsten Konsequenzen zu rechnen. Diesmal hatte Vater den Bogen also eindeutig überspannt, und eine Gefängnisstrafe war ihm so gut wie sicher. Aber selbst unter diesem Schock gab er sich nicht geschlagen. Er hatte nämlich einen großen Bruder. Einen, der in Moskau mit Gorbatschow studiert hatte. Einen, der in Prag lebte und es im Handelsministerium bis weit nach oben geschafft hatte. Mit modernisierter 7-Zimmer-Jugendstil-Wohnung, Reisefreiheit und einer stets in westlicher Couture herausgeputzten Gattin. „Das Letzte, das mein Bruder in seiner Position gebrauchen kann, ist ein Verwandter, der wegen Diebstahls an staatlichem Eigentum einsitzt", dachte mein bauernschlauer Vater auf seinem Weg zur nächsten Telefonzelle. Was beim Ferngespräch mit seinem Bruder alles zur Sprache kam, ist bis heute nicht bekannt geworden. Dass er der Vorladung nicht folgen musste, sein Strafregister sauber blieb und der Bruder seine hohe Position behielt, ist jedoch eine historische Tatsache.

Zwei Dinge änderten sich danach in unserem Leben: Erstens verlegte die Stadt die Stromtrasse aus unerfindlichen Gründen weit um unser Grundstück herum. Und zweitens zitierte mein Onkel seinen Bruder während der nächsten drei Jahrzehnte nach Prag, wann immer Installations- oder Elektrikarbeiten in seiner schicken Wohnung zu erledigen waren. Meiner Meinung nach ein angemessener Preis für seinen brüderlich-juristischen Beistand.

Erst Jahre später erfuhr ich,
dass der Strom normalerweise aus einer Steckdose kommt.

Schlusswort

Nun haben Sie meinen Vater in elf wahren Anekdoten ein wenig kennengelernt, und ich bin auf Ihre Reaktionen und Kommentare gespannt.

Haben Sie herzlich und viel gelacht? Hat Ihnen der Stil gefallen? Sind Sie neugierig auf weitere Abenteuer?

Wollen Sie zum Beispiel erfahren, wie man auch ohne Zahnarzt die Zähne reparieren kann? Oder interessieren Sie sich eher für radioaktives Gemüse? Und wussten Sie schon, dass sich ein Flammenwerfer auch zum Rasenmähen eignet?

Schreiben Sie mir!

Quellennachweis

Ich bedanke mich bei meiner Mutter, bei meinen Tanten und Cousins, die ihre Erinnerungen mit mir geteilt haben. Sie waren der wertvolle Rohstoff für die vorliegenden Geschichten. Die Rechte für alle verwendeten Bilder liegen bei mir (Miroslav Kolar).

Gesondert möchte ich mich bei meiner Lektorin Sabine Schmitt für ihre Unterstützung und vor allem für ihre Geduld bedanken. Es war für sie bestimmt nicht einfach, das Deutsch eines Tschechen zu korrigieren, ohne dabei den Verstand zu verlieren, wenn der Verfasser verbissen auf dem einen oder anderen „Tschechismus" beharrte.

Bis auf Wiederlesen, Ihr Mirek Kolar